Òrain Cèilidh

The Family Cèilidh
Gaelic Song Collection

Cruinnichte le
Compiled by

Brian Ó hEadhra

Anam Communications

Foillsichte le Anam Communications, Inbhir Nis, Alba
Published by Anam Communications, Inverness, Scotland
info@anamcommunications.com

www.anamcommunications.com

A' chiad fhoillseachadh 2013
First published 2013

Tha a h-uile òran traidiseanta, ach a-mhàin an fheadhainn a tha ainmichte.   Rinn am foillsichear gach oidhirp faighinn a-mach a bheil na h-òrain fo dhlighe-sgrìobhaidh.
All songs are traditional except where marked. The publisher has made every effort to trace and acknowledge any songs that may be within copyright and apologises in advance for any unintentional oversights.

Dealbh-chòmhdaich / *Cover image*: 'Alba' le / *by*: Sheila Maclean.
www.sheilamaclean.co.uk

Taing / *Thanks*:
Do Sheonag Shutharlanach, Ruairidh MacCoinnich, Fiona NicChoinnich, Òrla agus Róise, agus a h-uile duine eile a thug taic dhomh leis an leabhar is a' chlàr seo.
To Joan Sutherland, Rod Mackenzie, Fiona Mackenzie, Órla and Róise and everyone who has helped in the making of this book and recording.

Chuidich Comhairle nan Leabhraichean am foillsichear le cosgaisean an leabhair seo.
Thanks to the Gaelic Books Council, who assisted with the costs of producing this book.

ISBN 978-0-9574982-0-4

Do:

Órla agus Róise

Gun seinneadh sibh fad ur beatha

Clàr / *Contents*

Ro-ràdh / *Introduction*

Ro-ràdh
Introduction

Ma tha comas agaibh an abairt seo a leughadh, tha Gàidhlig agaibh; agus ma tha Gàidhlig agaibh tha mi gu math cinnteach gum bi sibh eòlach air cuid no a h-uile fear de na h-òrain a tha cruinnichte san leabhar seo. Mothaichidh sibh nach eil na h-òrain mòra, trom air an gabhail a-steach, dìreach an seòrsa òran a tha cumanta aig fèisean, mòdan ionadail, taighean-seinnse is cèilidhean neo-fhoirmeil air feadh na dùthcha.

Seo taghadh de dh'òrain a tha a' còrdadh riumsa; cuid dhiubh, na ciad òrain a chuala mi nuair a thòisich mi ag ionnsachadh Gàidhlig aig Sabhal Mòr Ostaig. B' i Cairistìona Phrimrose a' chiad thidsear de dh'òrain Gàidhlig a bh' agamsa agus abair stiùiriche a bh' innte. Tha mi fada na comain agus bha e na urram dhomh gun d' fhuair mi cothrom clàr a dhèanamh còmhla rithe, 'An Turas', ann an 2003.

Tha iomadh adhbhar a thug orm an leabhar seo fhoillseachadh. Mhothaich mi aig a' bhun-sgoil Ghàidhlig ionadail gu robh cuid de na pàrantan a' tighinn gu tur ùr chun na Gàidhlig, gun eòlas air mòran de na h-òrain as cumanta sa chànan. Tha mi an dòchas gum bi an leabhar seo cuideachail do phàrantan is do sgoilearan fada is farsaing. Cuideachd, chan eil comas aig a h-uile duine ceòl a leughadh agus 's e sin as coireach gu bheil clàr aig cùl an leabhair agus an ceòl ri fhaighinn air-loidhne. Rachaibh gu www.anamcommunications.com airson tuilleadh fiosrachaidh.

Feumaidh mi taing a thoirt do mo phàrantan, a thug ceòl dhomh bho thùs agus a bha riamh taiceil. Cuideachd, mo thaing is mo ghaol don bhean agam, Fiona, a tha cho foighidneach, tuigseach is tàlantach. Mu dheireadh, taing do gach neach-ciùil is seinneadair a chluich còmhla rium thairis air na bliadhnachan; tha e air a bhith na thoileachas dhomh a bhith eòlach oirbh.

Welcome to the world of traditional Gaelic singing. This compilation of songs offers a basic introduction to some of the best-loved Gaelic songs sung by young and old alike at cèilidhs across the land. A traditional Gaelic cèilidh is usually an informal gathering of family and friends who will sing songs, play tunes, dance traditional step and cèilidh dances, tell stories, jokes and generally have a good 'ho-ro gheallaidh' (a good time)! Everyone in the room is expected to perform some piece for the gathering and with this collection of songs you now have no excuse not to join in.

There were many thousands of songs to choose from in the compiling of this collection. I have chosen some of the more popular songs which I have enjoyed singing over the years with my own family and friends and I hope that you too will enjoy and pass them on at your own cèilidhs.

Once you have started learning Gaelic songs I would encourage you to delve deeper into the rich Gaelic song tradition and learn about the different styles of songs and singing; from the oldest records to modern compositions inspired from our tradition. I have provided a list of some excellent online resources that will assist you with your research. If you are not a Gaelic speaker and are thinking of learning Gaelic, then you will also find links to sites that can set you on your way. As well as the audio CD enclosed you can also download and stream the songs from this collection online. Visit: www.anamcommunications.com.
NB. The audio recording provided may differ slightly from the staff notation in this book.

A note on singing the songs: the word 'Sèist' indicates the chorus, which should be repeated after every verse. If there is no chorus or refrain in a song then the first verse is often repeated at the end. The songs can be sung with instruments or unaccompanied; in a group, choir or solo.

Brian Ó hEadhra
Am Faoilleach / *January* 2013

Bha mi Latha Samhraidh an Steòrnabhagh

Sèist:
Bha mi latha samhraidh an Steòrnabhagh,
Chunna' mi rud ann agus chòrd e rium-
Nighean bheag a' danns' air a casan lom,
Ribeanan na ceann agus cleòc oirre.

Thàinig balach uasal is 'lorns' air,
Thuirt e rith', "A luaidh, cuir do bhrògan ort
Gus an tèid sinn cuairt dhan a' Gheàrraidh Chruaidh
'S dìridh mi suas Beinn na Dròbha leat."

"Cha tèid mise cuairt chun na dròbha leat,
Ged a tha thu uasal is brògan ort
B' àill leam a bhith danns' air mo chasan lom
Le fear a chluicheadh tromb no meileòidian."

1

Bheir Mi Ò

<u>Sèist:</u>
Bheir mi ò hù ho-ò
Bheir mi ò-o hù o hì
Bheir mi o-hu o-o hò
'S mi fo bhròn 's tu gam dhìth.

'S iomadh oidhche fhliuch fhuar,
Ghabh mi cuairt 's mi leam fhìn,
Gus an d' ràinig mise an t-àit'
Far 'n robh gràdh geal mo chrìdh'.

Dhèanainn treabhadh, dhèanainn buain,
Chumainn suas thu gun strì
'S bheirinn às a' ghreabhal chruaidh
Dha mo luaidh teachd-an-tìr.

Ged nach eil sinn fhathast pòst',
Tha mi 'n dòchas gum bi;
Fhad 's a mhaireas mo dhà dhòrn
Cha bhi lòn oirnn a dhìth.

Bidh Clann Ulaidh

Bidh Clann Ulaidh, laoigh 's a lurain,
Bidh Clann Ulaidh air do bhanais;
Bidh Clann Ulaidh, laoigh 's a lurain,
Dèanamh an danns' air do bhanais.

Sèist:
Bidh Clann a' Rìgh, bidh Clann a' Rìgh,
Bidh Clann a' Rìgh air do bhanais;
Bidh Clann a' Rìgh seinn air a' phìob,
Òlar am fìon air do bhanais.

Bidh Clann Amhlaidh na fir ghreannmhor,
Bidh Clann Amhlaidh air do bhanais;
Bidh Clann Amhlaidh na fir ghreannmhor,
Dèanamh an danns' air do bhanais.

Bidh Clann Choinnich nam feachd soilleir,
Bidh Clann Choinnich air do bhanais;
Bidh Clann Choinnich nam feachd soilleir,
Dèanamh an danns' air do bhanais.

Bidh Clann Dhòmhnaill tha cha neònach,
Bidh Clann Dhòmhnaill air do bhanais;
Bidh Clann Dhòmhnaill tha cha neònach,
Dèanamh an danns' air do bhanais.

Brochan Lom

Brochan lom, tana lom, brochan lom na sùghain,
Brochan lom, tana lom, brochan lom na sùghain,
Brochan lom, tana lom, brochan lom na sùghain,
Brochan lom 's e tana lom 's e brochan lom na sùghain.

Sèist:
Brochan tana, tana, tana, brochan lom na sùghain,
Brochan tana, tana, tana, brochan lom na sùghain,
Brochan tana, tana, tana, brochan lom na sùghain,
Brochan lom 's e tana lom 's e brochan lom na sùghain.

Thugaibh aran dha na gillean leis a' bhrochan sùghain,
Thugaibh aran dha na gillean leis a' bhrochan sùghain,
Thugaibh aran dha na gillean leis a' bhrochan sùghain,
Brochan lom 's e tana lom 's e brochan lom na sùghain.

Seo an rud a gheibheamaid o nighean gobh' an duine,
Seo an rud a gheibheamaid o nighean gobh' an duine,
Seo an rud a gheibheamaid o nighean gobh' an duine,
Brochan lom 's e tana lom, 's e brochan lom na sùghain.

Chan eil mo leannan ann an seo

Chan eil mo leannan ann an seo,
Cha robh e 'raoir, 's cha bhi e nochd;
Chan eil mo leannan ann an seo,
No fear a thogas m' inntinn.

Sèist:
'S i o al o al o al am,
'S i o al o al o al am,
'S i o al o al o al am,
'S i o al am 's i h-abhram.

Caolas eadar mi 's mo luaidh,
Caolas eadar mi 's mo luaidh,
Caolas eadar mi 's mo luaidh,
Is cuan eadar mi 's m' annsachd.

Caolas Bheàrnaraigh is Ùig',
Caolas Bheàrnaraigh is Ùig',
Caolas Bheàrnaraigh is Ùig',
Gur tric mo shùil a-null air.

Chì mi na Mòr-bheanna

Sèist:
Ò chì, chì mi na mòr-bheanna,
Ò chì, chì mi na còrr-bheanna,
Ò chì, chì mi na coireachan,
Chì mi na sgoran fo cheò.

Chì mi gun dàil an t-àite san d' rugadh mi,
Cuirear orm fàilte sa chànain a thuigeas mi,
Gheibh mi ann aoibh agus gràdh nuair a ruigeam
Nach reicinn air tunnachan òir.

Chì mi na coilltean, chì mi na doireachan,
Chì mi ann màghan bàna as toraiche,
Chì mi na fèidh air làr nan coireachan
Falaicht' an trusgan de cheò.

Beanntaichean àrda as àillidh leacainnean,
Sluagh ann a' còmhnaidh as còire cleachdainnean,
'S aotrom mo cheum a' leum gam faicinn,
Is fanaidh mi tacan le deòin.

Fàgaidh mi ùpraid, sùrd agus glagarsaich
Dh'fhaicinn an fhuinn anns an cluinnteadh a' chagarsaich,
Fàgaidh mi cùirtean dùint' agus salach
A dh'amharc air gleannaibh nam bò.

Fàilt' air na gorm-mheallaibh, tholmach, thulachnach,
Fàilt' air na còrr-bheannaibh mòra, mulanach,
Fàilt' air na coilltean, is fàilt' air na h-uile,
Ò! 's sona bhith fuireach nan còir.

Far am bi mi fhìn

Far am bi mi fhìn, is ann a bhios mo dhòchas,
Far am bi mi fhìn, is ann a bhios mo dhòchas,
Far am bi mi fhìn, is ann a bhios mo dhòchas,
Far am bi mi fhìn, bidh mo dhòchas ann.

Thèid mi fhìn is Sìne null gu taigh a' phìobair'
Thèid mi fhìn is Sìne null gu taigh a' phìobair'
Thèid mi fhìn is Sìne null gu taigh a' phìobair'
'S nì sinn brod an ruidhle leinn fhìn air an làr.

'S mur toir am pìobair' port dhuinn airson ruidhle
'S mur toir am pìobair' port dhuinn airson ruidhle
'S mur toir am pìobair' port dhuinn airson ruidhle
'S ann a bheir sinn sgrìob chun an fhìdhleir bhàn.

Siubhal air na cladaichean 's a' coiseachd air a' ghainmhich
Siubhal air na cladaichean 's a' coiseachd air a' ghainmhich
Siubhal air na cladaichean 's a' coiseachd air a' ghainmhich
Far am bi mi fhìn bidh mo dhòchas ann.

7

Fear a' Bhàta

Sèist:
Fhir a' bhàta, sna hòro eile
Fhir a' bhàta, sna hòro eile
Fhir a' bhàta, sna hòro eile
Mo shoraidh slàn leat 's gach àit' an tèid thu.

'S tric mi sealltainn on chnoc as àirde
Dh'fheuch am faic mi fear a' bhàta;
An tig thu 'n-diugh no 'n tig thu màireach?
'S mur tig thu idir gur truagh a tha mi.

Tha mo chridhe-sa briste, brùite
'S tric na deòir a' ruith o m' shùilean;
An tig thu nochd no 'm bi mo dhùil riut,
No 'n dùin mi 'n doras le osna thùrsaich?

'S tric mi faighneachd de luchd nam bàta
Am fac' iad thu no 'm bheil thu sàbhailt;
Ach 's ann a tha gach aon dhiubh 'g ràitinn
Gur gòrach mise ma thug mi gràdh dhut.

Gheall mo leannan dhomh gùn dhen t-sìoda,
Gheall e siud agus breacan rìomhach;
Fàinn' òir anns am faicinn ìomhaigh
Ach 's eagal leam gun dèan e dìochuimhn'.

Ged a thuirt iad gun robh thu aotrom
Cha do lùghdaich siud mo ghaol ort;
Bidh tu m' aisling anns an oidhche,
Is anns a' mhadainn bidh mi gad fhaighneachd.

....

8

Thug mi gaol dhut 's chan fhaod mi àicheadh
Cha ghaol bliadhna 's cha ghaol ràithe,
Ach gaol a thòisich nuair bha mi 'm phàiste
'S nach searg a-chaoidh gus an claoidh am bàs mi.

Tha mo chàirdean gu tric ag innseadh
Gum feum mi d' aogas a leig' air dìochuimhn';
Ach tha 'n comhairle dhomh cho dìomhain
'S bhith tilleadh mara 's i toirt lìonaidh.

Bidh mi tuille tùrsach, deurach,
Mar eala bhàn 's i an dèidh a reubadh,
Guileag bàis aic' air lochan feurach
Is càch gu lèir an dèidh a trèigeadh.

Fear an Dùin Mhòir

Fear an Dùin Mhòir a' mire ri Mòir,
Fear an Dùin Mhòir is Mòr a' mire ris;
Fear an Dùin Mhòir a' mire ri Mòir,
Ach cò nì mire ri Màiri?
Fear an Dùin Mhòir a' mire ri Mòir,
Fear an Dùin Mhòir is Mòr a' mire ris;
Fear an Dùin Mhòir a' mire ri Mòir,
Ach cò nì mire ri Màiri?

Fear an Dùin Bhig a' mire gu tric,
Fear an Dùin Bhig gu tric a' mire rith';
Fear an Dùin Bhig a' mire gu tric,
Gu tric a' mire ri Màiri.
Fear an Dùin Bhig a' mire gu tric,
Fear an Dùin Bhig gu tric a' mire rith';
Fear an Dùin Mhòir a' mire ri Mòir,
Ach cò nì mire ri Màiri?

Gleann Gollaidh

<u>Sèist:</u>
Gleann Gollaidh, Gleann Gollaidh,
Gleann Gollaidh nan craobh;
Cò chì e nach mol e?
Gleann Gollaidh nan craobh.

Ri faicinn crìoch àrdain
Ga mo bhreugadh gu taobh,
'S ann a smuainich mi fanadh
An Gleann Gollaidh nan craobh.

Chan àill leam bhur n-airgead,
'S ri bhur n-airm cha bhi mi;
Cha diùlt mi bhur drama,
Ach ri tuilleadh cha bhi.

Ged a gheibhinn gu m' àilgheas
Ceann an t-Sàile MhicAoidh,
'S mòr a b' annsa leam fanadh
An Gleann Gollaidh nan craobh.

Fonn diasach, 's mòr a b' fhiach e,
Gu fiadhach 's gu nì;
Àite sìobhalt ri doininn
Às nach crithnich a' ghaoth.

Hèman Dubh

Hèman dubh, 's truagh nach tigeadh,
Hèman dubh, siud gam iarraidh,
Hèman dubh, gille 's litir,
Hi ri o ro, each 's dìollaid,
Hèman dubh hi ri o ro ho ro hu o.

Hèman dubh, 's mise a dh'fhalbhadh,
Hèman dubh, null air sàile,
Hèman dubh, le mo leannan,
Hi ri o ro, 's cha bhiodh dàil ann.
Hèman dubh hi ri o ro ho ro hu o.

Hèman dubh, nam bitheadh agam,
Hèman dubh, sgiath a' ghlaisein,
Hèman dubh, iteag nan eòin,
Hi ri o ro, spòg na lachainn.
Hèman dubh hi ri o ro ho ro hu o.

Hèman dubh, iteag nan eòin,
Hèman dubh, spòg na lachainn,
Hèman dubh, shnàmhainn na caoil,
Hi ri o ro, air an tarsainn.
Hèman dubh hi ri o ro ho ro hu o.

Hèman dubh, shnàmhainn na caoil,
Hèman dubh, air an tarsainn,
Hèman dubh, an Cuan Ìleach,
Hi ri o ro, 's an Caol Arcach.
Hèman dubh hi ri o ro ho ro hu o.

....

Hèman dubh, an Cuan Ìleach,
Hèman dubh, 's an Caol Arcach,
Hèman dubh, 's rachainn a-steach,
Hi ri o ro, chun a' chaisteil.
Hèman dubh hi ri o ro ho ro hu o.

Hèman dubh, 's rachainn a-steach,
Hèman dubh, chun a' chaisteil,
Hèman dubh, 's bheirinn a-mach,
Hi ri o ro, às mo leannan.
Hèman dubh hi ri o ro ho ro hu o.

Hèman dubh, 's bheirinn a-mach,
Hèman dubh, às mo leannan,
Hèman dubh, 's chan fhaighnichinn,
Hi ri o ro, cò bu leis i.
Hèman dubh hi ri o ro ho ro hu o.

Hè mo Leannan

Sèist:
Hè mo leannan, hò mo leannan,
'S e mo leannan am fear ùr,
Hè mo leannan, hò mo leannan.

'S e mo leannan Gille Calum –
Saor an daraich làidir thu.

'S e mo leannan am fear donn
A thogadh fonn anns an taigh-chiùil.

'S e mo leannan saor an t-sàbhaidh,
Leagadh lobhta làir gu dlùth.

Comhairle bheirinn fhìn air gruagach
A bhith cumail suas ri triùir –

Ged a dhèanadh 'ad uile fàgail,
Bhiodh a làimh aic' air fear ùr.

'N chuala sibh mar dh'èirich dhòmhsa?
Chuir an t-òigear rium a chùl.

Cha do mheas mi siud ach suarach,
On a fhuair mi fear às ùr.

Dh'fhalbh an gaol, sgaoil a' comann –
Tha mise coma co-dhiù.

Tha mi coma, 's suarach agam;
Tha chead aige, 's beag mo dhiù.

14

Ho Rò Mo Nighean Donn Bhòidheach

Sèist:
Ho rò mo nighean donn bhòidheach,
Hi rì mo nighean donn bhòidheach,
Mo chaileag laghach bhòidheach,
Cha phòsainn ach thu.

A nighean dhonn nam blàth-shùil,
Gur trom a thug mi gràdh dhut;
Tha d' ìomhaigh, ghaoil, is d' àilleachd
A ghnàth tighinn fom ùidh.

Cha cheil mi air an t-saoghal
Gu bheil mo mhiann 's mo ghaol ort;
'S ged chaidh mi uat air faondradh,
Cha chaochail mo rùn.

Nuair bha mi ann 'ad làthair,
Bu shona bha mo làithean;
A' sealbhachadh do mhànrain
Is àille do ghnùis.

Gnùis aoigheil, bhanail, mhàlda,
Na h-òigh as caoimhe nàdar,
I suairce, ceanail, bàidheil,
Làn gràis agus mùirn.

Ach riamh on dh'fhàg mi d' fhianais,
Gu bheil mi dubhach, cianail;
Mo chridhe trom ga phianadh
Le iargain do ghnùis.

....

Ge lurach air a' chabhsair,
Na mnathan òga Gallda,
A rìgh, gur beag mo gheall-s'
Air bhith sealltainn nan gnùis.

'S ann tha mo rùn 's na beanntaibh,
Far bheil mo rìbhinn ghreannar,
Mar ròs am fàsach shamhraidh,
An gleann fad o shùil.

Ach nuair a thig an samhradh,
Bheir mise sgrìob don ghleann ud,
'S gun tog mi leam don Ghalltachd
Gu h-annsail, am flùr.

Màili Dhonn

Bha mi oidhche gu domhainn shìos
Sa Chuan Shiar ud tha farsaing,
Aiteas mara na mo chom,
'S Màili Dhonn siubhal dhachaigh.

Sèist:
Màili Dhonn, bhòidheach, dhonn,
Màili Dhonn siubhal dhachaigh,
Màili Dhonn, bhòidheach, dhonn.

Cha robh duin' agam air bòrd,
Cha robh seòladair agam,
Ach mi fhìn 's mo Mhàili Dhonn,
Sgoltadh thonn, siubhal dhachaigh.

'S binne leam na cruit nan dàn,
Cluinntinn gàir' aig a h-astar,
Sruth is gaoth a' dol air fonn,
'S Màili Dhonn a' siubhal dhachaigh.

Ged nach eil mo chrodh air lòn,
No mo phòr air a' mhachair',
Soraidh slàn le cridhe trom,
'S Màili Dhonn siubhal dhachaigh.

Nach Truagh Leat Mi 's Tu 'n Èirinn

<u>Sèist</u>:
Na hù o hi, na hù o hò
Hu o ù o eile
Na hù o hi, na hù o hò
Nach truagh leat mi 's tu 'n Èirinn.

'S ann their iad rium on chaidh thu null
Gum bi thu tric aig fèilltean,
'S gum bi thu cuspaireachd le mùirn
Ri Màili ruadh an Èirinn.

Ged sheòladh tu air feadh a' chuain,
'S ged ruigeadh tu an Èiphit,
Cha thrèiginn thu air sgàth do chliù
'S cha toirinn gèill do bhreugan.

O nach robh agam sgiathan caol
Gun siùbhlainn thar nan slèibhtean,
Gun seinninn-sa mo dhuanag ghaoil
Ri fear tha tàmh an Èirinn.

Ò Teannaibh Dlùth is Togaibh Fonn

Ò teannaibh dlùth is togaibh fonn,
Mo chridhe trom air m' aineol
'S mi fad o eilean nan damh donn
'S bho thìr nan gleann 's nan gallan.

Ò bheir an t-soraidh seo nis bhuam
Thar chuain is chruaich is bheannaibh;
A dh'ionnsaigh Muile nam beann fuar
Ò eilean uain' a' bharraich.

Och, a Rìgh, nach mi bha thall,
An tìr nan gleann 's nam bealach;
Tìr nan craobh, siud tìr mo ghaoil,
Nan lagan fraoich is raineach.

Ò siud na glinn 's am faighte 'n aoigh
'S na roinn chum taobh na mara;
Tha luchd mo ghaoil-s' an-diugh ma sgaoil
'S an t-àit' fo chaoraich Shasainn.

Gur truagh a' Ghàidhlig bhith na càs
On dh'fhalbh na Gàidheil a bh'againn;
A ghineil òig tha tighinn nan àit',
Ò togaibh àrd a bratach.

'S ann an Ìle

Sèist:
'S ann an Ìle, 'n Ìle, 'n Ìle
'S ann an Ìle rugadh mi,
'S ann an Ìle, 'n Ìle, 'n Ìle
'S ann an Ìle bhòidheach.
x 2

'S ann an Ìle ghuirm an fheòir
A rugadh mi 's a thogadh mi,
'S ann an Ìle ghuirm an fheòir
A rugadh mi 's a bha mi.
x 2

Nuair a bha mi ann an Ìle
Bha Catrìona cuide rium,
Nuair a bha mi ann an Ìle
Bha Catrìona còmh' rium.
x 2

Measg nam bruachan bòidheach, buidhe
Bha Catrìona cuide rium,
Measg nam bruachan bòidheach, buidhe
Bha Catrìona còmh' rium.
x 2

Seallaibh Curaich Eòghainn

Seallaibh curaich Eòghainn is còig ràmh fichead oirre,
Seallaibh curaich Eòghainn 's i seachad air an Rubha Bhàn;
Seallaibh curaich Eòghainn is còig ràmh fichead oirre,
Seallaibh curaich Eòghainn 's i seachad air an Rubha Bhàn.

Sèist:
Bidh Eòghann, bidh Eòghann, bidh Eòghann na sgiobair oirre,
Bidh Eòghann, bidh Eòghann 's i seachad air an Rubha Bhàn;
Bidh Eòghann, bidh Eòghann, bidh Eòghann na sgiobair oirre,
Bidh Eòghann, bidh Eòghann 's i seachad air an Rubha Bhàn.

Seasaidh e ri fairge, cargo is balaist' oirre,
Seasaidh e ri fairge, 's i seachad air an Rubha Bhàn;
Seasaidh e ri fairge, cargo is balaist' oirre,
Seasaidh e ri fairge, 's i seachad air an Rubha Bhàn.

Soraidh Leibh is Oidhche Mhath Leibh

Sèist:
Soraidh leibh is oidhche mhath leibh,
Oidhche mhath leibh, beannachd leibh;
Guidheam slàinte ghnàth bhith mar ribh,
Oidhche mhath leibh, beannachd leibh.

Chan eil inneal-ciùil a ghleusar,
Dhùisgeas smuain mo chlèibh gu aoibh
Mar nì duan o bheòil nan caileag;
Oidhche mhath leibh, beannachd leibh.

'S guth gum chridhe pong nan òran,
Caidir sòlais òigridh seinn;
Aiteal ciùin air làithean m' òige,
Sonas a bhith 'n-còmhnaidh leibh.

Màthair uisge 'n tobair fhìoruisg,
Cainnt ar sinnsir, brìgh na loinn;
'S faochadh tlàth o ànradh m' inntinn,
Nuair bheir rann na glinn am chuimhn'.

Grian cha laigh a-nochd air mìltean,
Leis am binn a fuinn 's a roinn,
'S do 'm bi 'n sgeul na mhòr-thoil-inntinn
Dh'innseas dhaibh gun robh sinn cruinn.

Astar cuain cha dèan ar sgaradh,
'S dùrachd daimh am bannaibh toinnt';
Glèidh an t-àgh na dh'fhàg a bheannachd,
Oidhche mhath leibh, beannachd leibh.

....

Thuit ar crann air saoghal carach,
'S coma siud, tha mhaitheas leinn;
"Bidh sinn beò an dòchas ro-mhath,"
Oidhche mhath leibh, beannachd leibh.

Sùilean Dubha

Sèist:
Sùilean dubha, dubha, dubh,
Sùilean dubh aig m' eudail;
Sùilean dubha, dubha, dubh,
Cuin a thig thu chèilidh?

Cha tèid mise mach a-nochd,
Cha tèid mise chèilidh;
Cha tèid mise mach a-nochd,
Is dùil agam ri m' eudail.

Cnocan beag a-muigh an sin,
Ceòl as binne teudan;
Cnocan beag a-muigh an sin,
Cò bhios ann ach m' eudail.

Teann a-nall

Sèist:
Teann a-nall 's thoir dhomh do làmh,
Teann a-nall 's thoir dhomh do làmh,
Teann a-nall 's thoir dhomh do làmh,
Is bheir mi sgrìob do dh'Uibhist leat.

Tha am feasgar ciùin 's na siantan blàth,
Tha ghrian san iar mar mheall den òr,
Tha an cuan mar sgàthan gorm gun sgleò,
'S bu mhòr mo mhiann bhith 'n Uibhist leat.

Tha sìth air aghaidh beinn is raon,
Tha fàileadh cùbhraidh thar an fhraoich,
'S tha neòinean bhòidheach fàs gach taobh,
'S bu mhòr mo mhiann bhith 'n Uibhist leat.

Na h-eòin a' seinn air bhàrr nan geug,
'S an seillean tional mil dha fhèin,
Na h-uain a' mireag-ruith 's a leum,
'S bu mhòr mo mhiann bhith 'n Uibhist leat.

Tha 'n iarmailt gorm gun lorg air neul,
An sruthan torghan nuas bhon t-sliabh,
A' chuthag ghlas 's gùg-gùg na beul,
'S bu mhòr mo mhiann bhith 'n Uibhist leat.

Tha 'n crodh a' geumnaich anns a' chrò,
A' bhanarach 's a cuach na dòrn,
A' seinn a duan 's i bleoghann bhò,
'S bu mhòr mo mhiann bhith 'n Uibhist leat.

Bu mhòr mo mhiann bhith 'n siud san àm,
Is m' inntinn fad' bho thìr nan Gall,
Ag èisteachd sgeulachd, òran 's rann,
'S bu mhòr mo mhiann bhith 'n Uibhist leat.

Tha pòr na machrach làn de bhiadh,
Tha breac air linne 's lach air sgiath,
Tha iasg am pailteas sa Chuan Shiar,
'S bu mhòr mo mhiann bhith 'n Uibhist leat.

Is dìomhain dhuinne bhith cho faoin,
A' siubhal saoghail ruith gach maoin,
Tha beatha is slàinte an tìr mo ghaoil,
'S gun tèid mi thàmh do dh'Uibhist leat.

Tha Mi Sgìth

Tha mi sgìth 's mi leam fhìn,
Buain na rainich, buain na rainich;
Tha mi sgìth 's mi leam fhìn,
Buain na rainich daonnan.

'S tric a bha mi fhìn 's mo leannan,
Anns a' ghleannan cheòthar,
'G èisteachd còisir bhinn an doire,
Seinn sa choille dhòmhail.

Ò nam faicinn thu a' tighinn,
Ruithinn dhol nad chòdhail,
Ach mur tig thu 'n seo gam shireadh,
Ciamar thilleas dòchas?

Cùl an tomain, bràigh an tomain,
Cùl an tomain bhòidheach,
Cùl an tomain, bràigh an tomain,
H-uile là nam ònar.

'S bochd nach robh mi leat a-rithist,
Sinn a bhitheadh ceòlmhor;
Rachainn leat gu cùl na cruinne,
Air bhàrr tuinne seòladh.

Anns an t-sìthean, ò, gur sgìth mi,
'S tric mo chridh' ga leònadh,
Nuair bhios càch a' seinn nan luinneag,
Cha dèan mis' ach crònan.

Thoir mo Shoraidh

Thoir mo shoraidh thar Ghunaigh
Gu Muile nam mòr-bheann

Sèist:
Hug òireann ò ro hù bha hò,
Mo nighean donn bhòidheach,
Hug òireann ò ro hù bha hò.

Far an cluinnear a' chuthag
Air gach bruthaich ro Bhealltainn.

Chì mi 'm bàta 's i tighinn,
Is Iain ga seòladh.

Cùm dìreach i Iain,
Cùm tioram i Dhòmhnaill.

I an ciste chaoil chumhaing
Air a dùnadh 's a tàirneadh.

'S truagh nach robh mi san fhiabhras
Mun do chuir mi riamh d' eòlas.

Bha mi Latha Samhraidh an Steòrnabhagh

<u>Chorus</u>:
One summer's day I was in Stornoway
I saw something there that appealed to me -
A little girl dancing on her bare feet,
Ribbons in her hair and a cloak on her.

A noble boy came wearing 'lorns',
He said to her, "Dear, put your shoes on
That we may go for a walk to the Castle grounds
And I'll climb up Bennadrove with you."

"I'll go for no walk to the drove with you
Although you are noble and wear shoes,
I'd prefer to dance on my bare feet
With one who'd play a jew's harp or accordion."

Bheir Mi Ò

Chorus:
Bheir mi o hu ho-o
Bheir mi o-o hu o hi
Bheir mi o-hu o-o ho
And sorrowful I am feeling without you.

Many's a wet and cold night
I took a walk by myself
Until I'd reach the place
Where my heart's bright love was.

I would plough and reap,
I would provide for you without any difficulty,
And I would take from the hard gravel
For my love - our livelihood.

Although we are not yet married,
I hope we shall be,
For as long as I have my two hands
We shall not lack food.

Bidh Clann Ulaidh

The children of Ulster, my dear child, my beloved,
The children of Ulster will be at your wedding;
The children of Ulster, my dear child, my beloved,
Will be dancing at your wedding.

<u>Chorus</u>:
The King's children, the King's children,
The King's children will be at your wedding;
The King's children - the pipes will be played,
Wine will be drunk at your wedding.

The Clan MacAulay, lively and active,
The Clan MacAulay will be at your wedding;
The Clan MacAulay, lively and active,
Will be dancing at your wedding.

The Clan Mackenzie, the shining host,
The Clan Mackenzie will be at your wedding;
The Clan Mackenzie, the shining host,
Will be dancing at your wedding.

The Clan MacDonald, and it's not unusual,
The Clan MacDonald will be at your wedding;
The Clan MacDonald, and it's not unusual,
Will be dancing at your wedding.

Brochan Lom

Thin porridge, sparse and thin, thin and watery porridge,
Thin porridge, sparse and thin, thin and watery porridge,
Thin porridge, sparse and thin, thin and watery porridge,
Thin porridge, it is sparse and thin, it is thin and watery porridge.

<u>Chorus:</u>
Sparse porridge, sparse, sparse, thin and watery porridge,
Sparse porridge, sparse, sparse, thin and watery porridge,
Sparse porridge, sparse, sparse, thin and watery porridge,
Thin porridge, it is sparse and thin, it is thin and watery porridge.

Give bread to the lads with the watery porridge,
Give bread to the lads with the watery porridge,
Give bread to the lads with the watery porridge,
Thin porridge, it is sparse and thin, it is thin and watery porridge.

This is the thing to get from the blacksmith's daughter,
This is the thing to get from the blacksmith's daughter,
This is the thing to get from the blacksmith's daughter,
Thin porridge, it is sparse and thin, it is thin and watery porridge.

Chan eil mo leannan ann an seo

My love is not here,
He wasn't last night, and he won't be tonight;
My love is not here,
Nor the one who lifts my spirit.

Chorus:
'S i o al o al o al am,
'S i o al o al o al am,
'S i o al o al o al am,
'S i o al am 's i h-abhram.

A strait between me and my dear,
A strait between me and my dear,
A strait between me and my dear,
And an ocean between me and my love.

The Sound of Berneray and Uig,
The Sound of Berneray and Uig,
The Sound of Berneray and Uig,
Often I look over it.

Chì mi na Mòr-bheanna

Chorus:
O, I see, I see the great mountains
O, I see, I see the lofty mountains
O, I see, I do see the corries
I see the mist-covered peaks.

I see as I linger the land of my birth,
I am welcomed in the language I understand,
I will receive hospitality and love when I reach it
That I'd trade not for tons of gold.

I see there woods, and I see there thickets,
I see there the fair and most fertile of meadows,
I see there the deer on the ground of the corries
Shrouded in a garment of mist.

Lofty mountains and resplendent slopes,
There dwell my own folk, kind folk of honour,
Light is my step as I go bounding up to meet them,
'Tis with pleasure I'll stay there a while.

I'll leave the uproar and clangour of industry
To see the land where a whisper is audible,
I'll leave the claustrophobic, dirty back-courts
To gaze upon the cattle in the glen.

Hail to the lush green, grassy knolls,
Hail to the great peaked hummocky mountains,
Hail to the forests, hail to all there
Content I would live there forever.

Far am bi mi fhìn

Chorus:
Where I will be is where my hope lies,
Where I will be is where my hope lies,
Where I will be is where my hope lies,
Where I will be my hope lies.

Sheena and I will go to the piper's house,
Sheena and I will go to the piper's house,
Sheena and I will go to the piper's house,
And we will dance a choice reel by ourselves on the floor.

And if the piper doesn't play us a tune for the reel,
And if the piper doesn't play us a tune for the reel,
And if the piper doesn't play us a tune for the reel,
We'll head off to see the fair fiddler.

Travelling the shores and walking on the sand,
Travelling the shores and walking on the sand,
Travelling the shores and walking on the sand,
Where I will be my hope lies.

Fear a' Bhàta

Chorus:
Oh my boatman, na hòro eile
Oh my boatman, na hòro eile
Oh my boatman, na hòro eile
My farewell to you, wherever you go.

I often look from the highest hill
That I might see the boatman;
Will you come tonight, or will you come tomorrow?
Oh sorry will I be if you do not come at all.

My heart is broken, bruised,
Often tears are running down from my eyes;
Will you come tonight, or will I wait up for you,
Or close the door with a sad sigh?

I often ask of the boatmen
If they have seen you, if you are safe;
But they all tell me
That I was foolish if I gave you love.

My darling promised me a gown of silk,
That and a fine plaid,
A golden ring in which I'd see his likeness
But I fear that he shall forget.

Although they said you were flighty,
That did not lessen my love for you;
You are in my dreams at night,
And in the morning I ask for you.

....

36

....

I gave you love and cannot deny
It's not love that lasts a year or a season,
But a love that began when I was a child
And that will not wither until death takes me.

My friends say often
That I must forget your image,
But their counsel is as unfathomable to me
As trying to halt the returning tide.

I am all too sad and tearful,
Like a white swan that has been torn,
Sounding her death-call on a small grassy loch
Having been forsaken by all.

Fear an Dùin Mhòir

The Laird of Dun Mor is making mirth with Marion,
The Laird of Dun Mor, and Marion is making mirth with him;
The Laird of Dun Mor is making mirth with Marion,
But who will make mirth with Mary?
The Laird of Dun Mor is making mirth with Marion,
The Laird of Dun Mor, and Marion is making mirth with him;
The Laird of Dun Mor is making mirth with Marion,
But who will make mirth with Mary?

The Laird of Dun Beg is often making mirth,
The Laird of Dun Beg is often making mirth with her;
The Laird of Dun Beg is often making mirth,
Often making mirth with Mary.
The Laird of Dun Beg is often making mirth,
The Laird of Dun Beg is often making mirth with her;
The Laird of Dun Mor is making mirth with Marion,
But who will make mirth with Mary?

Gleann Gollaidh

<u>Chorus</u>:
Glen Golly, Glen Golly,
Glen Golly of the trees;
Who can see it without praising it,
Glen Golly of the trees.

Seeing the abutment of its elevation
Drew me aside,
Indeed I thought of staying in
Glen Golly of the trees.

I don't desire your money,
And I'll never join your army;
I won't refuse your dram,
But I'll do no more than that.

Though I might get to my desire,
Mackay's Kintail,
More I fancy staying
In Glen Golly of the trees.

Bountiful land, much is its value
For stalking and cattle;
An agreeable place in time of storm,
In which the wind will not shudder.

Hèman Dubh

Hèman dubh, it is sad,
Hèman dubh, that he wouldn't come to get me,
Hèman dubh, a lad with a letter,
Hi ri o ro, a horse and a saddle.
Hèman dubh hi ri o ro ho ro hu o.

Hèman dubh, I would go,
Hèman dubh, across the sea,
Hèman dubh, with my lover,
Hi ri o ro, there would be no delay.
Hèman dubh hi ri o ro ho ro hu o.

Hèman dubh, if I had,
Hèman dubh, the wing of the sparrow,
Hèman dubh, the bird's feather,
Hi ri o ro, the duck's foot.
Hèman dubh hi ri o ro ho ro hu o.

Hèman dubh, the bird's feather,
Hèman dubh, the duck's foot,
Hèman dubh, I would swim the straits,
Hi ri o ro, crossways.
Hèman dubh hi ri o ro ho ro hu o.

Hèman dubh, I would swim the straits,
Hèman dubh, crossways,
Hèman dubh, the Sound of Islay,
Hi ri o ro, and the Pentland Firth.
Hèman dubh hi ri o ro ho ro hu o.

....

Hèman dubh, the Sound of Islay,
Hèman dubh, and the Pentland Firth,
Hèman dubh, I would go in,
Hi ri o ro, to the castle.
Hèman dubh hi ri o ro ho ro hu o.

Hèman dubh, I would go in,
Hèman dubh, to the castle,
Hèman dubh, and I would take,
Hi ri o ro, my lover out of it.
Hèman dubh hi ri o ro ho ro hu o.

Hèman dubh, and I would take,
Hèman dubh, my lover out of it,
Hèman dubh, and I would not ask,
Hi ri o ro, who she belonged to.
Hèman dubh hi ri o ro ho ro hu o.

Hè Mo Leannan

Chorus:
Hey my sweetheart, ho my sweetheart,
He's my sweetheart, this new fellow,
Hey my sweetheart, ho my sweetheart.

He's my sweetheart, the lad Calum –
Carpenter of the strong oak, you are.

He's my sweetheart, the brown-haired man,
Who would raise a song in the music-house.

He's my sweetheart, carpenter of sawing,
Would lay a loft floor so evenly.

I would advise any girl
To be keeping up with three –

Although they all should leave her,
Her hand would soon be with a new man.

Have you heard what happened to me?
The young man has turned his back on me.

I thought that pretty trifling
Since I now have a new one.

Love vanished, the union broke –
I really don't care.

I don't care, it's a trifle to me,
He can do as he likes, it's little I care.

Ho Rò Mo Nighean Donn Bhòidheach

Chorus:
Chorus:
Ho ro my beautiful brown-haired maiden,
Hi ri my beautiful brown-haired maiden,
My kind, beautiful maiden,
I would not marry anyone but you.

Oh brown-haired maiden of the warm eyes,
I loved you deeply;
Your appearance, dear, and your beauty
Always come into my mind.

I shall not conceal from the world
That you are my desire and that I love you;
And though I strayed from you,
My love will not change.

When I was in your presence
Happy were my days,
Enjoying your tuneful talk
And your beautiful countenance.

Your cheerful, comely, calm countenance,
The natural modest maiden,
She who is kind, mild and affectionate,
Full of grace and joy.

But since the day I left your side
I have been sad, melancholic;
My heart is heavy and pained
While missing your beauty.

....

Although lovely are the maidens
On the byways of the city,
I am not interested, my king,
In beholding their faces.

My love and the mountains
Is where my beautiful girl is,
Like a rose that grows in summer
In a glen far away.

But when the summer comes
I shall make a trip to that glen,
And I shall take with me to the Lowlands,
Lovingly, the flower.

Màili Dhonn

One night I was on the deep,
Wide Atlantic Ocean,
The joy of the sea in my bones,
And 'Màili Dhonn' travelling home.

Chorus:
'Màili Dhonn', so beautiful,
'Màili Dhonn' travelling home,
'Màili Dhonn', so beautiful.

I didn't have anyone on board,
I didn't have a sailor
Except for myself and my 'Màili Dhonn',
Cleaving the waves while travelling home.

I would prefer to the sound of poetry
To hear a laugh at her speed,
The current and wind, going towards land,
And 'Màili Dhonn' travelling home.

Although my cattle are not in the meadow,
Nor my crops on the machair,
It's farewell to a heavy heart
As 'Màili Dhonn' is travelling home.

Nach Truagh Leat Mi 's Tu 'n Èirinn

Na hu o hi, na hu o ho
Hu o u o eile
Na hu o hi, na hu o ho
Don't you pity me while you're in Ireland.

They say to me since you went over
That you are often at fairs,
And that you talk lovingly
To red-haired Màili in Ireland.

Even if you were to sail all over the ocean,
And although you would reach Egypt,
I would not forsake you because of your reputation,
And I would not heed lies.

Oh had I slender wings
To travel over the mountains,
I would sing my love ditty
To one who lives in Ireland.

Ò Teannaibh Dlùth is Togaibh Fonn

Oh come closer and let us sing a song,
My heart is dejected in a strange land,
I am far away from the island of the brown stags,
And from the land of glens and saplings.

Oh bear this greeting from me now
Over the ocean, rounded hills and bens
To Mull of the cold mountains;
Oh green island of the birch trees.

Oh Lord, I wish I was over there
In the land of dales and mountain-gorges;
The land of trees is my own dear land
With heather hollows amongst the bracken.

Oh these are the valleys of kindness,
Especially in the districts beside the sea;
My loved ones have now scattered
And the place is overwhelmed by English sheep.

It is a pity Gaelic is in such a precarious state
Since the departure of the Gaels we knew,
Oh, youthful race, that has replaced them,
Unfurl its banner on high.

'S ann an Ìle

Chorus:
It was in Islay, Islay, Islay,
It was in Islay I was born,
It was in Islay, Islay, Islay,
It was in beautiful Islay.
x 2

It was in Islay of the green grass
I was born and I grew up,
It was in Islay of the green grass
I was born and I was.
x 2

When I was in Islay
Catriona was along with me,
Whan I was in Islay
Catriona was with me.
x 2

Among the beautiful, yellow braes
Catriona was along with me,
Among the beautiful, yellow braes
Catriona was with me.
x 2

Seallaibh Curaich Eòghainn

Look at Ewan's coracle, with its twenty five oars,
Look at Ewan's coracle, she's past the fair headland;
Look at Ewan's coracle, with its twenty five oars,
Look at Ewan's coracle, she's past the fair headland.

Chorus:
Ewan will be, Ewan will be, Ewan will be her skipper,
Ewan will be, Ewan will be, she's past the fair headland;
Ewan will be, Ewan will be, Ewan will be her skipper,
Ewan will be, Ewan will be, she's past the fair headland.

He will withstand the sea, cargo and ballast in her,
He will withstand the sea, she's past the fair headland;
He will withstand the sea, cargo and ballast in her,
He will withstand the sea, she's past the fair headland.

Soraidh Leibh is Oidhche Mhath Leibh

<u>Chorus</u>:
Farewell and good night to you,
Good night and blessings upon you;
I pray that you will always be in good health,
Good night and blessings upon you.

There is not a musical instrument being played
That will waken my spirit to joy
As a poem from the mouth of a girl;
Good night and blessings upon you.

The note from the song is a voice to my heart,
Embrace the solace of the youth singing,
A peaceful glimpse of the days of my youth,
Happiness is to be always with you.

The water source of the well of true water,
The language of our ancestors, the meaning of propriety,
And the gentle relief from my troubled mind
When I'm reminded of the glens through song.

The sun will not set tonight on thousands
With the sweetness of the chosen tunes;
The tale will bring much pleasure
Which tells how we have all been together.

Distance over sea will not separate us,
And greetings to them, I assure you
Joy will abound which left the blessing;
Good night and blessings upon you.

....

50

....

Our lot fell on a changeable life,
No worries, we have goodness with us;
We will live with a great hope;
Good night and blessings upon you.

Sùilean Dubha

<u>Chorus</u>:
Dark, dark, dark eyes,
My sweetheart has black eyes;
Dark, dark, dark eyes,
When will you come to visit me?

I will not go out tonight,
I will not go visiting;
I will not go out tonight,
Because I expect my sweetheart.

A little hillock out there,
Music with the sweetest notes;
A little hillock out there,
Who is it but my sweetheart.

Teann a-nall

Come over and give me your hand,
Come over and give me your hand,
Come over and give me your hand,
And I will travel to Uist with you.

The evening's calm, the weather warm,
The western sun is an orb of gold,
The sea is a mirror, clear and blue,
I long to be in Uist with you.

There's peace across the moors and glens,
And sweetly smells the heather,
The beautiful flowers grow all around,
I long to be in Uist with you.

The birds sing in the tree branches,
The bee is busy making honey,
The lambs happily leaping and jumping,
I long to be in Uist with you.

The sky is blue, not a cloud in sight,
The stream flows down from the mountain,
The cuckoo with her lovely call,
I long to be in Uist with you.

The cows bellow in the fold,
The milkmaid with her bowl in hand,
Sings her song as she milks the cows,
I long to be in Uist with you.

....

....

How I long to be there at this time,
With my mind far from the Lowlands,
Listening to stories, songs and poems,
I long to be in Uist with you.

The machair crops abound with food,
Trout in the pool and duck on the wing,
Plenty fish in the Minch,
I long to be in Uist with you.

How can we be so foolish,
To roam the world in search of fame?
There's health and wealth in the isle I love,
And I shall stay in Uist with you.

Tha Mi Sgìth

I am tired and on my own,
Cutting the bracken, cutting the bracken;
I am tired and on my own
Forever cutting the bracken.

Often, my love and I,
Were in the small misty glen,
Listening to the sweet choir of the grove,
Singing in the dense forest.

If I saw you coming,
I would run to meet you;
But if you don't come here to search for me
How can hope return?

Behind the knoll, on top of the knoll,
Behind the lovely knoll,
Behind the knoll, on top of the knoll,
Every day, alone.

It's sad that I'm not with you again,
We would be musical together;
I'd go with you to the other side of the world,
Sailing on top of the waves.

In the fairy knoll, oh I will be tired
And often my heart would be wounded;
When others sing their songs
I will do nothing but drone.

Thoir Mo Shoraidh

Take my farewell over Gunna,
Over to Mull the land of mountains.

<u>Chorus</u>:
Hug òireann ò ro hù bha hò,
My lovely brown-haired girl,
Hug òireann ò ro hù bha hò.

Where the cuckoo can be heard calling
On each hillock before May morning.

I can see the boat approaching
And at the helm I see Iain.

Keep her straight on course Iain,
Keep her safe and dry Donald.

She is in a narrow coffin,
It is closed, held down with nails.

Oh, that I'd been in a fever
Before I ever got to know you.

Bha mi Latha Samhraidh an Steòrnabhagh

Bheir Mi Ò

Bidh Clann Ulaidh

Brochan Lom

Chan eil mo leannan ann an seo

Chì mi na Mòr-bheanna

Far am bi mi fhìn

Fear a' Bhàta

Fear an Dùin Mhòir

Gleann Gollaidh

Hèman Dubh

Hè Mo Leannan

Ho Rò Mo Nighean Donn Bhòidheach

Màili Dhonn

Nach Truagh Leat Mi 's Tu 'n Èirinn

Ò Teannaibh Dlùth is Togaibh Fonn

'S ann an Ìle

Seallaibh Curaich Eòghainn

73

Soraidh Leibh is Oidhche Mhath Leibh

Sùilean Dubha

Teann a-nall

Tha Mi Sgìth

Thoir Mo Shoraidh

Fiosrachadh goirid mu na h-òrain
Information on the songs

1. Bha mi Latha Samhraidh an Steòrnabhagh   p. 1

'S e òran àghmhor a tha seo stèidhichte ann am baile Steòrnabhaigh. Nach math gum b' fheàrr leis an nighean san òran danns' a dhèanamh leis am fear air an tromb no meileòidian na am fear uasal!

This is a cheery song based in the town of Stornoway. Isn't it grand that the lass in the song would prefer to dance with the lad on the jew's harp or melodeon rather than the noble lad!

2. Bheir Mi Ò   p. 2

Òran eireachdail mu ghaol neo-dhìolta. Bidh an luchd-èisteachd an-còmhnaidh toilichte seinn air an t-sèist.

A beautiful song of unrequited love. This song always gets the audience singing along in the chorus.

3. Bidh Clann Ulaidh   p. 3

Seo tàladh far an cluinn sinn gum bi banais ann agus gum bi diofar chinnidh agus muinntir Ulaidh an làthair. Tha e inntinneach am mion-chunntas a th'air na cinnidhean Albannach.

A lullaby that describes a wedding which will be attended by various clans and Ulster folk. It's interesting how each of the clans are described.

4. Brochan Lom   p. 4

Seo aon de na h-òrain Gàidhlig as ainmeile san t-saoghal. Cò shaoileadh gum biodh brochan cho tlachdmhor!

This is one of the most recognised Gaelic songs and is known across the world. Who would have thought that porridge would prove so popular!

5. Chan eil mo leannan ann an seo (p. 5)

'S e òran beothail a tha seo a bhios air a sheinn le clann gu bitheanta.
A jaunty number which is often sung by children.

6. Chì mi ma Mòr-bheanna (p. 6)

Ann an 1856 rinn Iain Camshron à Bail' a'Chaolais an t-òran suaicheanta seo a tha a' moladh a' Ghàidhealtachd is na Gàidheil. Chaidh a ghabhail aig tòrradh an Rìgh Deòrsa VI agus cuideachd aig tòrradh a' Chinn-suidhe Ameireaganach Iain F. Ceanadach.
This iconic song praising the Highlands and Highlanders was composed in 1856 by John Cameron of Ballachulish. It was played at the funeral of King George VI and as a lament at President John F. Kennedy's funeral.

7. Far am bi mi fhìn (p. 7)

Seo port-à-beul sona far a bheil balach is Sìne a-muigh air splaoid. 'S e Am Pìobair' Òlta ainm an fhuinn.
This is a happy port-à-beul (mouth music) in which the protagonists are in search of a great night out. The tune is often referred to as The Drunken Piper.

8. Fear a' Bhàta (p. 8)

Rinn Sìne NicFhionnlaigh à Tunga an t-òran a tha seo san 19mh linn. 'S e òran làn faireachdainn, a rinn i airson Dòmhnall MacRath à Ùige, agus tha e coltach gun do phòs iad greis às dèidh sin.
This emotional love song was composed in the late 19th century by Jean Finlayson from Tong, Isle of Lewis for Donald Macrae from Uig in Lewis, and it is believed that the couple were married not long afterwards.

9. Fear an Dùin Mhòir (p. 10)

Seo port-à-beul cliùiteach, làn mhire is spòrs.
A well-known port-à-beul full of mirth and merry-making.

10. Gleann Gollaidh (p. 11)

Òran le Rob Donn MacAoidh à Cataibh a tha a' moladh gleann àlainn.
*A Sutherland song by the famous bard Rob Donn MacKay in praise of
this bonny glen is a favourite across the region.*

11. Hèman Dubh (p. 12)

'S e òran luaidh a tha seo far a bheil am bàrd ag innse dhuinn na rudan a
dhèanadh e airson a bhith còmhla ri a leannan a-rithist.
*This is a waulking song (sung when working the tweed) which describes
the lengths and distances the poet would go to be with their partner.*

12. Hè Mo Leannan (p. 14)

San òran basaidh seo tha an seinneadair aig innse dhuinn mu dheidhinn
a leannan agus, aig an deireadh, mu dheidhinn am mì-rùn a thaobh na tè
a ghoid e bhuaipe.
*This is an òran basaidh (a clapping song sung at the end of waulking
the tweed). The singer firstly describes her sweetheart and then later in
the song her ill-will towards the one who stole her lover from her.*

13. Ho Ro Mo Nighean Donn Bhòidheach (p. 15)

San òran gaoil seo bu mhiann leis am bàrd an nighean donn bhòidheach
a phòsadh. Bidh thu an t-òran ainmeil seo ri chluinntinn sa Ghaeilge
agus sa Bheurla cuideachd.
*In this love song the poet wishes his brown-haired maiden was with him
so that they could marry. There are also Irish Gaelic and English
language versions of this popular song.*

14. Màili Dhonn (p. 17)

'S e uals mall a tha seo far a bheil an seòladair a' moladh am bàta
breagha aige – Màili Dhonn.
*A song in slow waltz time where a sailor praises his fine boat – Màili
Dhonn.*

15. Nach Truagh Leat Mi 's Tu 'n Èirinn (p. 18)

Rinn am bàrd Catrìona Dhùghlas à Tròdairnis an t-òran brònach seo far a bheil boireannach a' seinn mu dheidhinn a leannan a tha ann an Èirinn.
In the 1900s Katherine Douglas, a bard from the north of Skye, composed this song of longing in which a woman sings of her love for a man who is in Ireland.

16. Ò Teannaibh Dlùth is Togaibh Fonn (p. 19)

Seo òran cianail à Canada far a bheil am bàrd ag innse dhuinn mu a chianalas airson Alba agus cuideachd gu bheil e brònach mu shuidheachadh nan Gàidheal is na Gàidhlig. Tha an aon fhonn air an òran seo 's a th' air an òran chliùiteach 'Barbara Allan'.
This is a plaintive song from Gaelic Canada where the bard describes his desire to be back in Scotland and sings of his sadness at the plight of the Gaels and the Gaelic language. This song shares the melody of the well known folk song, 'Barbara Allan'.

17. 'S ann an Ìle (p. 20)

Bidh clann gu tric a' seinn an òrain seo a tha moladh Ìle àlainn.
This port-à-beul is often sung by children and praises the beautiful Island of Islay.

18. Seallaibh Curaich Eòghainn (p. 21)

Òran sunndach far a bheil Èoghainn sa churrach aige le còig ràmh fichead oirre. Bidh thu a' cluinntinn an òrain seo ann an Canada cuideachd.
A lively song in which the sailor Eòghainn is in his boat of 25 oars. This song is sung on both sides of the Atlantic.

19. Soraidh Leibh is Oidhche Mhath Leibh (p. 22)

Sgrìobh Iain MacPhàidein, à Muile, an t-òran seo, a chluinneas sibh tric aig deireadh deagh chèilidh.
A much-loved song written by the Mull bard John MacFadyen (born 1850). This is often sung by all at the end of a fine cèilidh.

20. Sùilean Dubha (p. 24)

San òran seo tha an seinneadair a' feitheamh ris a ghaol leis na sùilean dubha.

In this gentle song the singer states that he will stay in as he is expecting his dark-eyed love to visit soon.

21. Teann a-nall (p. 25)

Tha deagh shèist leis an òran a tha seo. 'S e Gilleasbaig MacDhòmhnaill à Uibhist a Tuath a rinn an t-òran seo far a bheil e a' toirt cuireadh don ghaol aige a dhol a dh'Uibhist leis.

This song has a catchy chorus for all to sing along to. It was composed by the North Uist bard Gilleasbaig MacDonald (born 1874), and in it he invites his sweetheart to accompany him to his native Uist.

22. Tha Mi Sgìth (p. 27)

San òran seo ionnsaichidh sinn mu dheidhinn sìthiche a thuiteas ann an gaol le nighean nuair a tha e a' buain na rainich. Cha do mhair an dàimh oir chuir a teaghlach stad air a' chùis agus san òran cluinnidh sinn mu cho brònach 's a tha an sìthiche bochd.

There are many variations of the story relating to this song but version tells of a fairy who fell in love with a girl while he was cutting bracken. Their love was not to last, however, as her family put a stop to the relationship. In the song the fairy mourns their lost love.

23. Thoir Mo Shoraidh (p. 28)

Òran brònach à Earra-Ghàidheal far a bheil am bàrd a' toirt corp a ghaoil thairis nan tonnan.

A haunting love song from Argyll describing the sad journey of the poet's deceased partner.

Stòras
Resources

Tha tòrr àiteachan far an lorg sibh fiosrachadh mu òrain Ghàidhlig. 'S e an t-eadar-lìon an t-àite as fheàrr goireasaiche ach chan eil dad nas fheàrr na bhith ag ionnsachadh is a' seinn le seinneadairean a tha eòlach air an traidisean. Seo liosta de chuid de na goireasan a tha ri fhaighinn.

There are many resources and places where you can find out about Gaelic songs. The internet has many excellent sites but nothing will beat learning from a Gaelic singer who knows the tradition. Here is a list of some current Gaelic song and language resources.

Am Baile: www.ambaile.org.uk

An Comunn Gàidhealach/Royal National Mòd: www.acgmod.org

An Drochaid Eadarainn: www.androchaid.ca

An t-Alltan Dubh: www.smo.uhi.ac.uk/gaidhlig/alltandubh

BBC ALBA: www.bbc.co.uk/alba

Beag air Bheag: www.bbc.co.uk/alba/foghlam/beag_air_bheag

Bliadhna nan Òran: www.bbc.co.uk/alba/oran

Bòrd na Gàidhlig: www.gaidhlig.org.uk

Celtic Lyrics Corner: www.celticlyricscorner.net

Gaelic Books Council: www.gaelicbooks.org

Fèisean nan Gàidheal: www.feisean.org

Gaelic Books: www.gaelicbooks.com

Gaelic Resource Database: www.gaelicresources.co.uk

Learn Gaelic: www.learngaelic.net

Omniglot: www.omniglot.com/songs/gaelic

Sabhal Mòr Ostaig: www.smo.uhi.ac.uk

Scotland's Songs: www.educationscotland.gov.uk/scotlandssongs

Scottish Storytelling Centre: www.scottishstorytellingcentre.co.uk

Silicon Glen: www.siliconglen.com/Scotland/gaelicsong.html

The Pearl Project of the School of Scottish Studies:
www.pearl.arts.ed.ac.uk

Tobar an Dualchais: www.tobarandualchais.co.uk

Ùlpan: www.ulpan.co.uk

Fuaimneachadh
Pronunciation

If you are new to reading and speaking Gaelic then you may find the spelling and pronunciation of some Gaelic words daunting. Don't despair! The Gaelic spelling system is relatively straightforward once you acquaint yourself with it.

I would recommend that you spend time going through the BBC online Gaelic learning resource - Beag air Bheag. There you will find excellent tuition, including an introduction on how to pronounce Gaelic words and understand basic grammar.

http://www.bbc.co.uk/alba/foghlam/beag_air_bheag/sounds

If you know a Gaelic speaker, then don't be afraid of asking for advice on pronunciation and meaning. Remember, some words may sound slightly different depending on dialect or accent.

Notaichean
Notes

Notaichean
Notes

Notaichean
Notes